BEI GRIN MACHT SICH IHR WISSEN BEZAHLT

- Wir veröffentlichen Ihre Hausarbeit,
  Bachelor- und Masterarbeit

- Ihr eigenes eBook und Buch -
  weltweit in allen wichtigen Shops

- Verdienen Sie an jedem Verkauf

Jetzt bei www.GRIN.com hochladen und kostenlos publizieren

Bibliografische Information der Deutschen Nationalbibliothek:

Die Deutsche Bibliothek verzeichnet diese Publikation in der Deutschen National-bibliografie; detaillierte bibliografische Daten sind im Internet über http://dnb.d-nb.de/ abrufbar.

Dieses Werk sowie alle darin enthaltenen einzelnen Beiträge und Abbildungen sind urheberrechtlich geschützt. Jede Verwertung, die nicht ausdrücklich vom Urheberrechtsschutz zugelassen ist, bedarf der vorherigen Zustimmung des Verlages. Das gilt insbesondere für Vervielfältigungen, Bearbeitungen, Übersetzungen, Mikroverfilmungen, Auswertungen durch Datenbanken und für die Einspeicherung und Verarbeitung in elektronische Systeme. Alle Rechte, auch die des auszugsweisen Nachdrucks, der fotomechanischen Wiedergabe (einschließlich Mikrokopie) sowie der Auswertung durch Datenbanken oder ähnliche Einrichtungen, vorbehalten.

Impressum:

Copyright © 2016 GRIN Verlag
Druck und Bindung: Books on Demand GmbH, Norderstedt Germany
ISBN: 9783346077257

Dieses Buch bei GRIN:

https://www.grin.com/document/499737

Manuel Rothe

Wie bringt man Schülerinnen und Schülern Tennis bei? Die Vorhand als Grundschlag

GRIN Verlag

GRIN - Your knowledge has value

Der GRIN Verlag publiziert seit 1998 wissenschaftliche Arbeiten von Studenten, Hochschullehrern und anderen Akademikern als eBook und gedrucktes Buch. Die Verlagswebsite www.grin.com ist die ideale Plattform zur Veröffentlichung von Hausarbeiten, Abschlussarbeiten, wissenschaftlichen Aufsätzen, Dissertationen und Fachbüchern.

Besuchen Sie uns im Internet:

http://www.grin.com/

http://www.facebook.com/grincom

http://www.twitter.com/grin_com

Justus-Liebig-Universität Gießen Fachbereich 06, Psychologie und Sportwissenschaft Institut für Sportwissenschaft

Ausarbeitung:

Vorhand - Grundschlag

Titel der Lehrveranstaltung:

Tennis (SoSe 2016)

Manuel Rothe

Inhaltsverzeichnis

1. Einleitung / Thema:

Wer spielt denn heutzutage noch Tennis? Zugegebenermaßen ist es ein bisschen ruhiger und übersichtlicher um die Sportart Tennis in den letzten Jahren geworden, wenn man es mit den goldenen Jahren des Tennisbooms der 80er und 90er Jahre vergleicht. Da, wo Millionen von Menschen Steffi Graf und Boris Becker dabei zuschauten, wie Steffi Graf den „Golden Slam" gewann und Boris Becker mit der legendären

„Becker-Rolle" die Menschen begeisterte. Leider ist dieser Boom etwas abgeflacht und die Tennisvereine dieser Nation haben mehr und mehr mit Mitgliederschwund zu kämpfen. Kinder und Jugendliche kommen nur noch selten von sich aus auf die Sportart Tennis. Das beklagen zumindest viele Vereinsfunktionäre derweil.

Ein Grund dafür ist, dass Tennis selten in der Schule unterrichtet wird. Den Schulen fehlt es oftmals an Material und der benötigten Ausbildung um die komplexe Sportart unterrichten zu können. Diese Gründe sind nachvollziehbar. Trotzdem gibt es gut entwickelte Programme des Deutschen-Tennis-Bundes, um auch ohne Tennisplatz den Schülerinnen und Schüler die Sportart Tennis zu vermitteln. Hier werden den Schülerinnen und Schüler dann die Grundfertigkeiten und -fähigkeiten des Tennis vermittelt.

Natürlich nimmt dann die Vorhand ein Großteil der Zeit ein. Dieser Schlag ist ein sogenannter Grundschlag und ist neben der Rückhand der am Häufigsten angewandte Schlag im Tennis. Er ist der leichtere Schlag von Beiden und eignet sich deshalb besonders gut dafür, einfache Spielformen durchzuführen.

Die folgende Arbeit ist ein Beispiel dafür, wie man den Grundschlag Vorhand bei Schülerinnen und Schülern einführen kann.

2. Sachanalyse

2.1 Vorhand- ein Grundschlag

Wenn man von einer Vorhand spricht, so denkt man automatisch an einen Vorhand- Grundschlag. Da sollte man aber vorsichtig sein, denn eine Vorhand kann beispielsweise auch ein Vorhand-Winner sein oder ein Vorhand-Angriffsball. Eine Vorhand muss nicht zwangsläufig hinter der Grundlinie als Grundschlag gespielt werden, sondern kann beispielsweise auch mitten im Feld erfolgen. In der folgenden Sachanalyse soll jedoch lediglich der Vorhand-Grundschlag analysiert werden. Dies schließt auch den Topspin aus. Es empfiehlt sich auch im Kinder- und Jugendtennis den Topspin erst einzuführen, nachdem der Vorhand-Grundschlag gefestigt ist und die körperlichen Voraussetzungen für den Topspin geschaffen wurden.

2.2 Schlaganalyse- Vorhand seitliche Stellung

(*Abb. 1:* Bilderreihe Vorhand Grundschlag, (www.ilias.uni-giessen.de) Danisch, M. Cues für Schlagbewegungen im Tennis.)

Der Vorhand Grundschlag kann entweder mit der *offenen Stellung* oder mit der *seitlichen Stellung* gespielt werden. Spielt man die Vorhand mit der seitlichen Stellung, so steht das linke Bein vorne (siehe Bilderreihe). Spielt man die Vorhand mit der offenen Stellung, so steht eher das rechte Bein vorne. Im modernen Tennis wird die offene Stellung bevorzugt. Durch die verbesserte Oberkörperrotation ist der Spieler in der Lage den Ball schneller zu beschleunigen. Es gibt eine Debatte darüber, ob sich die seitliche oder die offene Stellung für das Kinder- und Jugendtennis eignet. In unserer Analyse konzentrieren wir uns jetzt als erstes auf die seitliche Stellung, ehe wir in Punkt 2.3 auf die offene Stellung genauer eingehen.

Bild 1: Der Spieler befindet sich in der **Ausgangsstellung** und reagiert auf den Schlag des Gegners. Interessant ist dabei, dass es Studien gegeben hat, wonach bewiesen wurde, dass Topspieler schon vor dem Treffpunkt des Balles abschätzen können, wohin der Ball und mit welcher Drallart der Ball fliegt. Tennisspieler antizipieren also welcher Schlag gebraucht wird, um den Ball zurückzuspielen. Der Spieler auf Abbildung 1 befindet sich in der Mitte der Grundlinie mit Blickrichtung zum Gegner. Der Schläger ist in beiden Händen vor dem Körper.

Kurz vor dem Treffpunkt des Gegners, macht der Spieler einen sogenannten „Split-Step". Einen kurzen Hüpfer, um anschließend schneller reagieren zu können.

Bild 2+3+4 (**Ausholphase**): Der Spieler dreht die Schulter nach hinten. Das Körpergewicht wird auf das rechte Bein verlagert und der Schläger wird nach hinten genommen. Die linke Schulter zeigt zum Netz. Außerdem zeigt der linke Arm in Richtung des ankommenden Balles.

Bild 5+6+7+8 (**Schlagphase**): Der Schläger befindet sich am sogenannten Beschleunigungspunkt (Bild 5). Die Vorbereitungs- oder Ausholphase ist nun abgeschlossen. Von hier aus erfolgt die Zuschlagbewegung. Ab dem Beschleunigungspunkt erfolgt keine Stoppbewegung des Schlägers mehr. Der Schläger schwingt unter dem Ball nach vorne. Dabei geht der Spieler in die Knie und verlagert das Gewicht auf das linke Bein. Während der Schläger nach vorne in Richtung des Balles schwingt, wird die linke Schulter immer weiter nach hinten verschoben, sodass am Ende des Schlages die rechte Schulter nach vorne in Richtung Netz zeigt. Der Treffpunkt des Balles liegt vor dem Körper und das Körpergewicht ist auf dem linken Bein.

Bild 9+10 (**Ausschwung**): Der Schläger schwingt über die linke Schulter. Das Körpergewicht wird auf dem linken Bein abgefangen. Es kann einen kleineren Sprung mit dem linken Bein geben, je nachdem wie explosiv die Schlagausführung ist. Der Spieler muss sein Gleichgewicht wieder erlangen und auf die Ausgangsposition zurückfinden. Sobald der Gegner schlägt, muss der Spieler wieder den „Split-Step" machen um bereit für den Schlag des Gegners zu sein.

2.3 Schlaganalyse- Vorhand offene Stellung

Während man noch zu Boris Beckers Zeiten lediglich Vorhand aus der seitlichen Stellung gespielt hat, spielt man sie heutzutage fast nur noch in der offenen Stellung. Aus der offenen Stellung kann man wesentlich mehr Topspin und Druck erzeugen, da der gesamte Oberkörper gedreht wird und es eine explosivere Schlagausführung mit Sprung gibt.

Abb. 2 (www.tennismagazin.de): Dieses Bild zeigt deutlich, dass es bei der Vorhand eine offene Stellung gibt. Das linke Bein steht nicht vor dem rechten, so wie bei der seitlichen Stellung, sondern das rechte steht fast parallel zum linken. Der Oberkörper ist nach hinten rotiert, sodass die linke Schulter zum Netz zeigt. Das Körpergewicht wird beim Schlag auf das rechte Bein verlagert.

Abb. 3 (www.tennisfragen.de): Dieses Bild zeigt eine vollständige Streckung der Beine. Die Verspannung aus Bild 1 (in die Knie gehen, Oberkörperrotation) wird komplett aufgelöst und der Spieler trifft den Ball vor dem Körper. Die Hüfte und die Schulter sind nahezu auf gleicher Linie. Es kommt zu einer Auflösung der Bewegungskette. Angefangen mit der Streckung der Beine, zum Eindrehen der Hüfte bis zur Drehung der Schulter und dem Schlag.

Abb. 4 (www.tennismagazin.de): Diese Bild zeigt den Ausschwung der Vorhand aus der offenen Stellung. Am Ende der Schlagbewegung ist das Körpergewicht aus dem linken Bein und die rechte Schulter zeigt vollständig zum Netz. Es erfolgt also eine vollständige Oberkörperrotation.

3. Bedingungsanalyse

3.1 Interne Bedingungsanalyse

In der letzten Unterrichtseinheit haben sich die Gruppenmitglieder motiviert, sozial und diszipliniert verhalten und gemeinsam die an sie gestellten Bewegungsanforderungen explorativ gelöst, sodass in dieser Hinsicht wahrscheinlich keine Interventionen erfolgen müssen. Da die Unterrichtsgruppe aus Sportstudierenden besteht, kann man sagen, dass aufgrund unterschiedlicher Vorerfahrungen und erst einer Praxisstunde inhomogene Voraussetzungen in Bezug auf tennisspezifische Regelkenntnis, Taktik und Techniken gegeben sind, aber sowohl die koordinativen und konditionellen Kompetenzen, als auch die Belastbarkeit homogen gut ausgeprägt sind, sodass Unterrichtsmaßnahmen wohl eher im Bereich der technischen Unterstützung und Korrektur liegen.

Durch unser System der „Level" haben die Studierenden einen Richtwert, wo und in welcher Phase sie sich gerade befinden. Ganz einfach kann man bei einer Gruppe, die die geforderten Level schon erfolgreich gemeistert haben, ein Level weiter nach oben gehen und ihnen eine schwierigere Bewegungsaufgabe geben. Bei etwas schwächeren Studierenden geht man ein Level weiter nach unten, um Basics nachzuholen. Das System der Level eignet sich also gut um binnendifferenziert innerhalb der Gruppe zu arbeiten. Das erweist sich auch als nötig, da es wie anfangs erwähnt, eine breite Leistungsspanne innerhalb der Gruppe gibt.

Das klassische Tennistraining, so wie es im Vereinstraining praktiziert wird, hat in der Regel maximal 4 Teilnehmer pro Gruppe. Hier hat der Trainer die Kontrolle über jeden einzelnen Teilnehmer und kann ihm individuelles Feedback geben. Oftmals wird das Training so gestaltet, dass die Teilnehmer die Bälle aus einem Ballkorb angespielt bekommen (das sogenannte „Feeding" oder „Drills"). Diese Form des Trainings ist in der Schule bzw. mit so einer großen Lerngruppe unmöglich. Es müssen deshalb Formen gefunden werden, wo die SuS bzw. Studierenden interaktiv miteinander spielen und sich Sachen selbst erarbeiten. Dieses interaktive Spielen wird in unserer Stunde praktiziert. Die Studierenden werden anfangs darüber aufgeklärt, wie die Vorhand-Technik auszusehen hat, ehe sie sich selbst ausprobieren und dem Partner ein Feedback über deren Bewegung geben. Durch Bilder am Zaun des Platzes bzw. durch ein Plakat, auf dem die Knotenpunkte nochmal genannt sind, bekommen die Teilnehmer jederzeit eine Orientierung an der Idealtechnik.

3.2 Externe Bedingungsanalyse

Die Dauer des Unterrichts beträgt rund zwei Stunden und die Teamzuteilung der 22 Studierenden erfolgt mithilfe von Karten und durch abzählen. Wenn eine ungerade Anzahl an Studierenden vorhanden ist und ein Partner vonnöten ist beteiligt sich einer der Referenten innerhalb des Spiel- und Übungsgeschehen. Weitere benötigte Materialien außer den Karten sind Tennisbälle, Ringe, ein Plakat, Bildreihen, courtgerechtes Schuhwerk und Tennisschläger. Wichtig ist es auch einen zentralen Sammelpunkt zu definieren von dem aus die Instruktionen abgehalten werden um eine möglichst effiziente Ausnutzung der Unterrichtszeit zu gewährleisten.

Hinsichtlich der Raumnutzung ist zu sagen, dass uns 5 Plätze zur Verfügung stehen. Dies ist einerseits ein guter Punkt, wenn man bedenkt, dass 22 Teilnehmer auf Plätzen unter gebracht werden müssen. Es kann aber auch schwierig werden Instruktionen zu geben, die jeder mitbekommen soll. Hier sollte man Zeichen (z.B ein Pfiff) verabreden, damit die SuS die Bälle stoppen, schnell zusammenkommen und zuhören können. Ebenfalls zu beachten ist, dass Tennis ein Freiluftsport ist. So schön dies manchmal sein mag, so gefährlich kann es aber auch sein. Bei Hitze muss man beispielsweise dafür sorgen, dass die SuS genügend Flüssigkeit zu sich nehmen und eine Kopfbedeckung tragen, um einen Sonnenstich zu vermeiden. Der Faktor Wind kann das Spielgeschehen ebenfalls negativ beeinflussen. Selbstverständlich hat der Regen auch Einfluss auf das Spiel. Bei zu starkem Regen muss der Spielbetrieb unterbrochen werden, da der Platz nicht in der Lage ist viel Wasser aufzunehmen. Nachdem der Regen aufgehört hat, muss mit einem „weichen" Platz zu rechnen sein. Der Zustand des Platzes hat Auswirkungen auf das Sprungverhalten des Balles. Bei trockenen Bedingungen springt der Ball höher und schneller ab und bei nassen Bedingungen springt der Ball tiefer und langsamer ab.

Das Thema der Platzpflege spielt im Tennis ebenfalls eine wichtige Rolle. Auch in der Schule soll von Anfang an darauf geachtet werden, dass „Abziehen" oder „Wässern" ein Teilbestand vom Tennisspiel ist. In Deutschland wird größtenteils auf dem Rotasche-Platz gespielt. In den USA beispielsweise ist der Hardcourt der führende Belag.

4. Ziele der Stunde

In unserer Unterrichtsstunde „Einführung der Vorhandtechnik" werden außer den sportlich-technischen Lernzielen auch didaktische und soziale Ziele innerhalb der Lerngruppe angestrebt. Diese verschiedenen Lernziele werden im Folgenden weiter beschrieben.

Das Grobziel der Unterrichtsstunde ist das Kennenlernen und Anwenden der Technik des Vorhand-Grundschlages aus der Sportart Tennis.

Dieses übergeordnete Lernziel setzt sich jedoch aus verschiedenen Feinzielen innerhalb der Unterrichtsstunde zusammen. Zunächst sollen die SuS theoretisch an die Knotenpunkte der Vorhandtechnik herangeführt werden. Durch diese kognitive Erarbeitung können die Lernenden zwischen zwei verschiedenen Schlagtechniken (offene und seitliche Stellung) unterscheiden. Außerdem erkennen sie Fehlerpunkte und können diese bei anderen Teilnehmern erkennen und verbessern. Durch die Kommunikation mit anderen Studenten, werden ebenfalls soziale Kompetenzen, wie z.B. Hilfs- und

Kooperationsbereitschaft, sowie Verantwortung und Toleranz erworben. Aus diesem Grund haben wir uns verschiedene Übungen mit dem Partner bzw. in einer Gruppe ausgesucht.

Auf die Praxis bezogen geht es nicht um eine perfekte Technikdurchführung des Vorhand-Schlags. Aufgrund der zeitlichen Begrenzung und didaktischen Vorzüge in diesem Seminar, sollen die SuS lediglich ein Gefühl für die Bewegungsmerkmale erhalten und gegebenenfalls ihre Technik verbessern. Sie sollten wissen, dass der Vorhand-Schlag ein grundlegendes Element der Sportart Tennis darstellt. Außerdem sollten die Lernenden einschätzen können, in welcher Situation sie den Vorhand-Schlag anwenden sollten und das der Druck auf den Ball unterschiedlich dosiert werden muss, um verschiedene Distanzen erfolgreich zu überwinden. Vor allem die unerfahrenen Tennisspieler in diesem Kurs sollten erfahren, wie man einer Lerngruppe in der Schule die Technik des Vorhand-Grundschlages didaktisch sinnvoll vermittelt und welche methodischen Kompetenzen dazu wichtig sind.

Taktisch gesehen sollen die SuS erkennen, dass die Vorhandtechnik zu den grundlegenden Techniken im Tennis zählt und deshalb auch in der Taktikschulung unabdingbar ist. Bevor man zur Ausbildung bestimmter Taktikmerkmale kommt, sollte man zunächst wissen, wann man den Vor- und Rückhandschlag benutzt und diesen auch sicher anwenden können. Ist der Grundschlag der Vorhandtechnik erlernt, kann man sich auch auf vorteilhafte taktische Merkmale der Vorhandtechnik konzentrieren. Hierzu zählt der bereits erwähnt „Top-Spin" und der „Slice". Da wir uns jedoch auf den Vorhand-Grundschlag konzentrieren, stehen die taktischen Merkmale zunächst im Hintergrund. Die Lernenden sollten jedoch zur Kenntnis nehmen, dass bestimmte technische Vorhandschläge auch in der Taktikschulung eine große Rolle spielen.

Die Studenten sollten somit die benötigten Fertig- und Fähigkeiten der Vorhandtechnik theoretisch erlernen, sodass sie wissen, wie man diese Kompetenzen situationsangemessen, didaktisch und methodisch sinnvoll in der Schule bzw. innerhalb einer heterogenen Lerngruppe umsetzt.

5. Methodisch-didaktische Strukturierung

Im nun folgenden Teil werden die Methoden anhand der unterrichtspraktischen Planung didaktisch erläutert und begründet.

In der Technikausführung im Tennis ist der Vorhand-Schlag ein entscheidender Faktor. Wie bereits erwähnt, ist die Lerngruppe sowohl in der Schule, aber auch in der Universität sehr heterogen bezüglich ihrer technischen Vorkenntnisse in diesem Sportspiel. Ziel ist somit nicht die perfekte Ausführung des Schlags, sondern das Kennenlernen der Vorhand-Technik, sowohl das Erlernen von Knotenpunkten und bestimmten Bewegungsmerkmalen.

Daher haben wir uns dafür entschieden, dass wir nach der **Begrüßung** und dem kurzen Rückblick zu letzter Stunde, den SuS einen groben Überblick über das kommende Thema verschaffen. Ein grober Überblick, d.h. eine Stundenübersicht mit den jeweiligen Übungsformen, bietet sich in der Weise an, dass die SuS ggf. motivierter bei den einzelnen Übungen und Spielen agieren. Außerdem können sie sich psychisch schon auf die nächste Phase der Stunde vorbereiten. Ein Rückblick ist auch in der Schule sinnvoll, damit die Lernenden das bereits Gelernte sichern und man eine optimale Verknüpfung mit dem neuen Lerninhalt schafft. Dieser Rückblick sollte den Lernenden nicht eingetrichtert werden, sondern sie sollten die bereits gelernten Merkmale selbstständig aufzählen können. Somit ergänzen sich die SuS gegenseitig und die Lehrkraft muss im optimalen Fall nichts ergänzen.

Im Anschluss an die Einstiegsphase folgt die **Vorbereitungsphase** bzw. das tennisspezifische Aufwärmen. Hierbei wird versucht, durch spielerische Phasen die Muskulatur zu erwärmen und das Herz-Kreislauf-System zu aktivieren. In der Schule sollte man grade in den frühen Morgenstunden darauf achten, dass die SuS nicht zu früh sprinten und somit zu schnell an ihre körperlichen Grenzen gehen. Da die Muskulatur und das Herz-Kreislauf-System zu der Zeit noch nicht vollständig aktiv sind, kann es zu Verletzungen, aber auch zu Kreislaufstörungen innerhalb der Lerngruppe kommen. Daher sollte versucht werden, dass jeder Teilnehmer mit einbezogen wird, die entsprechenden Körperteile bewegt werden und sich an das Spielgerät gewöhnt werden kann.

Zu Beginn dieser praktischen Einheit werden die Spiele *„Dribbellauf mit Anweisung"* und *„Reise nach Jerusalem"* durchgeführt. Wir haben uns bewusst dazu entschieden, erst nach der Aufwärmphase mit der kognitiven Erarbeitung zu beginnen, damit die Lernenden sich erst ausprobieren können und nach der Theoriephase das Gelernte direkt umsetzen können.

Bei dem Spiel „Dribbellauf mit Anweisung" bewegen sich alle Teilnehmer mit einem Ball und dem Schläger in einem bestimmten Spielfeld. Voraussetzung ist, dass jeder Spieler den Ball mit der Vorhand leicht nach oben schlägt, ihn einmal auf dem Boden aufkommen lässt, und ihn dann erneut leicht nach oben schlägt. Nun kommt ein weiterer Effekt hinzu, der nicht nur das Ball- und Schlägergefühl, sondern auch die Koordination und Geschicklichkeit schult. Sobald sich zwei Studenten treffen, müssen sie sich während dem Dribbeln die Hand geben. Nach ein paar Minuten wird die Schwierigkeit gesteigert und es müssen zwei Teilnehmer gegeneinander „Schnick-Schnack-Schnuck" spielen, sobald sie aufeinander treffen. Auch bei dieser Variation sollte weiterhin mit dem Tennisball gedribbelt werden. Derjenige Spieler, der die Runde „Schnick-Schnack-Schnuck" verloren hat, muss dribbelnd eine Strafrunde um das angegebene Spielfeld absolvieren.

Das zweite Spiel namens „Reise nach Jerusalem" ist in seiner klassischen Form oftmals bekannt. Bei dieser abgewandelten Form des Spiels laufen die SuS wie in Spiel 1 in einem vorgegebenen Spielfeld dribbelnd umher. Nach einer gewissen Zeit ertönt ein Pfiff und alle Teilnehmer müssen so schnell wie möglich in einen Reifen dribbeln. Da immer ein Reifen weniger als Spieler auf dem Spielfeld liegt, kommt es neben den benötigten Schnelligkeits- und Geschicklichkeitsfähigkeiten auch zu einem gewissen Wettkampfgedanken, da immer ein Spieler ausscheidet.

Nach dieser praktischen Aufwärmphase haben wir uns dafür entschieden, mit der **kognitiven Erarbeitung** der Vorhandtechnik zu beginnen. Zu Beginn dieser Theoriephase dient die Lehrkraft und ein freiwilliger Student als Modell. Diese spielen sich auf einem der Tennisfelder den Ball „Cross", d.h. diagonal, zu. Die restlichen SuS stehen an der Seitenlinie des Feldes und beobachten die technischen

Bewegungsmerkmale. Nach ca. einer Minute tragen die Lernenden die Knotenpunkte auf einem Plakat zusammen. Ziel ist es, dass die SuS eine Bewegungsvorstellung erhalten und die wichtigsten Punkte zur Vorhandtechnik eigenständig auf dem Plakat erarbeiten. Lediglich fehlende Aspekte werden von der Lehrkraft ergänzt. In dieser theoretischen Erarbeitungsphase kommt es ebenfalls zu eine sozialen Interaktion innerhalb der Studenten.

Nachdem die SuS nun eine theoretische Bewegungsvorstellung erhalten haben und auch die wichtigsten Knotenpunkte der Vorhandtechnik erfahren haben, wird die Technik nun in den kommenden Übungen praktisch angewandt.

In dieser **Übungsphase** kommt es zum Ausprobieren und Üben der Vorhandtechnik in 2er bzw. 4er Gruppen. Innerhalb dieser Kleingruppen werden vier verschiedene Technikübungen mit verschiedenen Schwierigkeitsstufen vorgestellt. Hier geht es nach dem Prinzip „vom Leichten zum Schwierigen", sodass jede/r Lernende zu Beginn dieser Praxisphase einen Lernerfolg erfährt und die Technik spielerisch erarbeitet wird. Da jedoch auch erfahrene Tennisspieler an dem Kurs teilnehmen, wird der Schwierigkeitsgrad der Übungen kontinuierlich erhöht, sodass jeder Teilnehmer gefördert und gefordert wird. Während dieser Variationsübungen hängt auf jedem Spielfeld eine kurze Bilderreihe, sodass sich jeder Student bzw. jede Studentin sich die Bewegung nochmal individuell anschauen kann und sich gegebenenfalls selbst verbessert. Nach jeder geschlossenen Technikübung wird die neue Schwierigkeitsstufe von der Lehrkraft vorgestellt und es werden Fehlerbilder angesprochen. Es sollte möglichst versucht werden bei jeder Übung den Ball „Cross" in das andere Feld zu schlagen. Tennisexperten sollten hierbei den unerfahrenen Tennisspielern helfen und diese verbessern.

Level 1 (Ball-Anwurf): Hier befindet man sich mit 4er Gruppen, welche durch Skatkarten ausgelost werden, auf einem der Tennisfelder. Partner A wirft den Ball 2-3m Meter nach vorne zu Partner B. Dieser schlägt den Ball mit der korrekten Vorhandtechnik auf das andere Feld, wobei Partner C den Ball fängt. Hier wirft Partner C den Ball zu Partner D der den Ball rüber schlägt. Nach zwei

Minuten wird gewechselt. Gespielt wird innerhalb des T-Feldes, jedoch können Experten als Variation auch von der Grundlinie schlagen.

Level 2 (Ball-Annahme): Hier teilen sich die Lernenden innerhalb der 4er-Gruppe in eine 2er-Gruppe auf. Partner A schlägt den Ball zu Partner B, wobei dieser den Ball annehmen muss und somit die Übung verlangsamt. Danach lässt er/sie den Ball auf den Boden aufkommen und schlägt ihn danach wieder zu Partner A. Gespielt wird 3-4 Minuten innerhalb des T-Feldes. Auch hier gilt als Variation, dass die erfahrenen Tennisspieler von der Grundlinie spielen dürfen.

Level 3 (Wettkampfspiel): In dieser Partnerübung spielen sich die Teilnehmer den Ball „Cross" im T-Feld zu. Das gegenüberliegende T-Feld gilt jeweils als Spielbegrenzung. Nun werden die Netzüberquerungen gezählt. Welches Team nach circa drei Minuten die meisten Netzüberquerungen in das richtige Feld geschafft hat, hat das Spiel gewonnen.

Level 4 (Königsturnier): Bei dem Königsturnier befinden sich die SuS erneut in den bekannten 4er-Kleingruppen in dem T-Feld zusammen. Hierbei soll der Tennisball abwechselnd in das T-Feld „Cross" geschlagen werden, sodass nur die Zielbewegung der Vorhand geschult wird. Das diagonale T-Feld ist hierbei die Spielfeldbegrenzung. Bei dieser Übung spielen die 2er-Gruppen gegeneinander und nicht mehr miteinander. Wer nach zwei Minuten die meisten Punkte erreicht hat, gewinnt das Spiel und rückt ein Feld weiter. Der Verlierer muss ein Feld nach hinten gehen. Eine Variation bei diesem Spiel ist, dass jedes 2er-Team nur einen Schläger erhält, sodass es zu einem erhöhten Zeit- und Koordinationsdruck kommt. Zunächst spielen alle SuS im genannten T-Feld gegeneinander, bei Unterforderung kann die Lehrkraft jedoch reagieren, indem die Lerngruppe von der Grundlinie in das verlängerte T-Feld schlägt.

Abschließend erfolgt eine **Abschlussphase** bzw. Reflexion der Kursstunde, wobei die Studenten nützliche Kritik und Verbesserungsvorschläge den Referenten erteilen. Lob und Kritik werden hierbei aufgenommen und aufgeschrieben. Ebenfalls kommt es zur Klärung von Rückfragen der Lernenden. Zum Ende der Reflexionsphase gibt es eine kurze Zusammenfassung von heute und einen Ausblick auf die kommende Kursstunde.

6. Unterrichtspraktische Planung

6.1 Erste Unterrichtsstunde

Zeit in Min	Phase	Unterrichtsverlauf	Didaktisch- methodischer Kommentar	Medien/ Material/ Sozialform
3 min	Einleitungsphase / Stundenbeginn	▪ Begrüßung ▪ Rückblick ▪ Vorstellung des Themas und Stundenübersicht	▪ Erster Einstieg in das Thema ▪ Organisation	▪ Stehkreis
10 min	Vorbereitungsphase / Aufwärmen	▪ Tennisspezifische Aufwärmspiele: 1. Dribbellauf mit Anweisung 2. Reise nach Jerusalem ▪ Lehrkraft als Modell	▪ Spielerisches und sportartspezifisches Aufwärmen ▪ Aktivierung des Herz-Kreislauf- Systems ▪ Erwärmung der Muskulatur ▪ Gewöhnung an das Spielgerät	▪ Erklären und vorstellen der Übungen ▪ Kleingruppen - Tennisfelder ▪ Tennisschläger - Tennisbälle ▪ Ringe ▪ Einteilung der Kleingruppen durch Abzählen

16

5 – 10 min	Kognitive Erarbeitung	• Lehrkraft und freiwilliger Student als Modell der Vorhandtechnik • Theoretische Erarbeitung der Vorhandtechnik anhand eines Plakates • Erläuterung der kommenden Technikübungen • Gruppeneinteilung mithilfe von Karten	• SuS nennen die Knotenpunkte der Vorhandtechnik • Lehrkraft ergänzt die fehlenden Bewegungsmerkmale • Soziale Interaktion	▪ Stehkreis ▪ Lehrkraft und freiwilliger Student ▪ Plakat mit Bildern ▪ Karten ▪ Tennisfelder ▪ Tennisschläger ▪ Tennisbälle
30 min	Übungsphase – Praktische Anwendung	• Ausprobieren und Üben der Vorhandtechniken in 2er bzw. 4er Gruppen • Geschlossene Technikübungen mit vier verschiedenen Schwierigkeitsstufen: 1. Ball-Anwurf 2. Ball annehmen, aufkommen lassen, zurück schlagen	• Variationsübungen zur Vorhandtechnik • Schwierigkeitsaufbau „Vom leichten zum Schweren" • Jede einzelne Übung wird von der Lehrkraft vorgestellt und es werden mögliche Rückfragen geklärt • Korrektur von typischen Fehlerbildern • Eine Bilderreihe hängt zur	▪ Kleingruppen ▪ Bilderreihe ▪ Tennisfelder ▪ Tennisschläger ▪ Tennisbälle

17

		3. Wettkampfspiel im T-Feld 4. Zielbewegung als Königsturnier im T-Feld	individuell-kognitiven Wiederholung an den Zäunen ▪ Soziale Interaktion	
5 min	Abschlussphase - Reflexion	▪ Reflexion der Unterrichtsstunde ▪ Studenten geben nützliche Kritik und Verbesserungsvorschläge	▪ Klärung von Rückfragen ▪ Zusammenfassung heute ▪ Ausblick nächste Woche	▪ Stehkreis ▪ Bilderreihe ▪ Lob & Kritik werden aufgenommen

6.2 Zweite Unterrichtsstunde

Die zweite Unterrichtsstunde soll auf die erste Unterrichtsstunde aufbauen. Unklar ist jedoch, in welchem Umfang sie das tut. Hierfür muss der zeitlichen Rahmen der Tennisveranstaltung in Betracht gezogen werden. Je nachdem wie viel Zeit für die Unterrichtseinheit zur Verfügung steht, kann man das Thema „Vorhand-Grundschlag" noch wesentlich intensiver behandeln. Man könnte beispielsweise thematisieren, welche taktische Stellung die Vorhand im Tennisspiel hat. Sie wird hauptsächlich dafür eingesetzt, den Gegner unter Druck zu setzen. Eine weitere Möglichkeit wäre, dass man die verschiedenen Vorhand-Positionen thematisiert (Z.B Vorhand Inside-out, Angriffsschlag, Vorhand aus der Defensive...). Nicht zu vergessen, ist der Vorhand-Topspin, der von enormer Wichtigkeit im modernen Tennis ist. Dieser sollte auch in einem knappen zeitlichen Rahmen vermittelt werden. Dieser Vorhand-Topspin soll in der nächsten Unterrichtsstunde im Mittelpunkt stehen. Hier sollte aber auch die taktische Komponente des Vorhand-Topspin herausgearbeitet werden. Die Fragen, wie und warum Topspin sollen im Plenum herausgearbeitet werden.

Zeit in Min	Phase	Unterrichtsverlauf	Didaktisch-methodischer Kommentar	Medien/ Material/ Sozialform
3 min	Einleitungsphase / Stundenbeginn	▫ Begrüßung ▪ Rückblick ▪ Vorstellung des Themas und Stundenübersicht	▪ Was wurde letzte Stunde erarbeitet?/ Wiederholung folgender Punkte: Griffhaltung, Knotenpunkte der Technik ▪ Organisation	▪ Stehkreis; Knotenpunkte werden gemeinsam besprochen.
10 min	Vorbereitungsphase Aufwärmen	/ ▪ Tennisspezifische Aufwärmspiele: 1. Schattenlauf: Partner A macht bestimmte Übungen vor, die Partner B nachmachen muss. Wichtig: Der Vorhandgriff muss eingesetzt werden. Alle Bewegungen müssen mit Ball und Schläger durchgeführt werden. 2. Zusammenspiel: Partner A und Partner B schlagen sich jeweils abwechseln die Bälle hin und her. Dabei spielen sie sich die Bälle aus kurzer	▪ Spielerisches und sportartspezifisches Aufwärmen ▪ Aktivierung des Herz-Kreislauf- Systems ▪ Erwärmung der Muskulatur ▪ Gewöhnung an das Spielgerät	▪ Erklären und vorstellen der Übungen ▪ Kleingruppen ▪ Tennisfelder ▪ Tennisschläger ▪ Tennisbälle ▪ Einteilung der Kleingruppen durch Abzählen

20

		Entfernung über eine Linie (z.B T- Feld). Wettkampf-variante: Wer schafft es sich die meisten Bälle zuzuspielen, ohne das der Ball zwei mal aufgetippt ist oder nicht über die Linie fliegt?		<ul><li>Kleingruppen</li><li>Bilderreihe</li><li>Tennisfelder</li><li>Tennisschläger</li><li>Tennisbälle</li></ul>
10 min	Festigung des vorher erlernten Vorhand-Grundschlag	**Phase 1:** Partner A spielt sich mit Partner B die Bälle mit der Vorhand hin und her. □ Wichtig ist dabei der Punkt, dass die Spieler miteinander und nicht gegeneinander spielen. Aufgabe: Vorhand cross in das T-Feld. **Phase 2:** Die Aufgabe bleibt gleich. Das Feld ändert sich von T-Feld zum ganzen Feld. □ Wichtig: Sollte es Probleme damit geben, dass die SuS es nicht schaffen cross zu spielen, wird das Spiel auf das	<ul><li>Festigung des erarbeiteten Vorhand-Grundschlag</li><li>Korrekturen der Lehrkraft</li><li>soziale Interaktion</li></ul>	

Zeit	Phase	Verlauf	Methodisch-didaktischer Kommentar	Medien / Material
		ganze Feld erweitert. Dann stehen jeweils 2 Spielerinnen und Spieler auf einer Seite, die sich nach jedem Schlag abwechseln.		▪ Stehkreis ▪ Lehrkraft und freiwilliger Student - Plakat mit Bildern ▪ Karten ▪ Tennisfelder ▪ Tennisschläger ▪ Tennisbälle
5 – 10 min	Kognitive Erarbeitung	▪ Lehrkraft und freiwilliger Student als Modell der Vorhand Topspin-Technik ▪ Theoretische Erarbeitung der Vorhand- Topspin anhand eines Plakates ▪ Erläuterung der kommenden Technikübungen ▪ Gruppeneinteilung durch die Lehrkraft	▪ SuS nennen die Knotenpunkte der Vorhand-Topspin ▪ Lehrkraft ergänzt die fehlenden Bewegungsmerkmale ▪ Soziale Interaktion	
25 min	Übungsphase - Praktische Anwendung	1. Erarbeitung der „Scheibenwischer-Bewegung" ▫ Die SuS nehmen sich Bälle in die Hand und lassen die Bälle vor sich fallen. Dabei sollen sie den typischen	▪ Variationsübungen zur Vorhandtechnik ▪ Schwierigkeitsaufbau „Vom leichten zum Schweren" ▪ Jede einzelne Übung wird von der Lehrkraft vorgestellt	▪ Kleingruppen ▪ Bilderreihe ▪ Tennisfelder ▪ Tennisschläger ▪ Tennisbälle

Vorwärtsdrall herstellen. ▫ Partner A spielt den Ball locker zu Partner B. Partner B versucht den Ball mit Topspin zurückzuspielen. Partner A versucht den Ball entweder aufzufangen oder kontrolliert und ohne Drall zurück zu spielen. Nach ein paar Schlägen wechseln die Rollen. Der Partner, der den Zielschlag nicht ausführt, kann Rückmeldung über den Topspin geben. 2. Grundlinienschlag ▫ Partner A und Partner B spielen sich mit Topspin die Bälle Vorhand-Cross zu. Sie sollen dabei auf die typische Vorwärtsrotation des Balles achten. ▫ Wettkampfvariation: Es wird um Punkt gespielt. Dabei zählt jedoch nur	und es werden mögliche Rückfragen geklärt ▪ Korrektur von typischen Fehlerbildern ▪ Eine Bilderreihe hängt zur individuell-kognitiven Wiederholung an den Zäunen ▪ Soziale Interaktion ▪ Nach Phase 1: Welches besondere Sprungverhalten konntet ihr feststellen? ▪ Flugphase des Balles? Wann und wozu kann man den Topspin einsetzen?

		das halbe cross Feld. ▫ Variation: Zwei gegen zwei. Es wird auf das ganze Feld (ohne Doppelfeld) gespielt, nur Vorhand ist erlaubt.	
5 min	Abschlussphase - Reflexion	▪ Reflexion der Unterrichtsstunde ▪ Gibt es Übungsbedarf? Wo gibt es noch Schwierigkeiten? -> auf Feedback bei der Planung der nächsten Stunde eingehen	▪ Klärung von Rückfragen ▪ Zusammenfassung heute ▪ Ausblick nächste Woche	▪ Stehkreis ▪ Bilderreihe

24

7. Reflexion

Kommend zur Reflexion ist zu sagen, dass die Studenten die Kursstunde angenommen haben und sich alle positiv einbringen konnten. Dadurch, dass die Lerngruppe aus nur 12 Teilnehmern bestand, gab es keine Störungen und es konnte jeder Student bzw. jede Studentin individuell gefördert und gefordert werden. Die Tatsache, dass wir anstatt drei Lehrenden nur noch insgesamt zwei Lehrkräfte waren, konnten wir spontan ausgleichen, indem wir die Aufwärmübungen neu eingeteilt haben. Dadurch, dass wir die Kursstunde zusammen vorbereitet haben, fiel es uns nicht schwer eine andere Unterrichtssequenz zu übernehmen.

Als didaktisch erfolgreich wurde die kognitive Erarbeitung bewertet. Hierbei diente die Lehrkraft und ein freiwilliger Student als Modell. Die Lernenden haben die wichtigsten Knotenpunkte eigenständig erarbeitet und empfanden dies als vorteilhaft.

Auch die verschiedenen Übungen mit der steigenden Schwierigkeit konnten, auch von den Lernenden selber, als sehr positiv angesehen werden. Hierbei haben wir die einzelnen Lerngruppen genau beobachtet, sodass wir innerhalb der gesamten Lerngruppe differenzieren konnten und die Kleingruppen in unterschiedlich langen Lernzeiten eine Stufe weiter schicken konnten. Somit konnten die Übungen an die Stärke der einzelnen Teilnehmer angepasst werden.

In der Abschlussphase bzw. der Reflexion am Ende der Kursstunde teilten uns die Studierenden mit, dass sie die Kursstunde als positiv empfunden haben. Vor allem die eigenständige Erarbeitung der Bewegungsmerkmale waren sehr fruchtbar. Außerdem fühlte sich durch die innere Differenzierung während der Praxisübungen kein Student unter- bzw. überfordert.

Verbesserungen wurden hinsichtlich der Übungserklärung genannt. Hier sollte man ggf. jeden Schritt deutlich erklären und nochmal nachfragen, ob die Übung bei jedem Lernenden angekommen ist.

Im Hinblick auf die nächste Stunde kann man sagen, dass die Voraussetzungen für diese wie geplant sind. Die Stunde kann also wie vorbereitet durchgeführt werden.

Literaturverzeichnis

Ferrauti, Maier & Weber (2016). Handbuch für Tennistraining. (4. überarbeitete Auflage). Aachen: Meyer & Meyer. Mastalerz & Scherer (2016). Tennis Drills. Trainingsformen für alle Leistungsstufen. Aachen: Meyer & Meyer.

Scholl, P. (2014). Richtig Tennis spielen. Optimales Training von Anfang an. München: BLV Buchverlag GmbH & Co. KG

Abbildungsverzeichnis

Abbildung 1: Danisch, M.: Bilderreihe Vorhand Grundschlag. Cues für Schlagbewegungen im Tennis. www.ilias.uni-giessen.de. Abgerufen am 05.05.2016

Abbildung 2: Tennismagazin.de: http://www.tennismagazin.de/content/uploads/2015/02/bildschirmfoto-2015-02-02-um- 12.41.01.png. Abgerufen am 05.05.2016

Abbildung 3: Tennisfragen.de: http://tennisfragen.de/wordpress/wp-content/uploads/2011/11/cont-F2.jpg. Abgerufen am 05.05.2016

Abbildung 4: Tennismagazin.de: http://www.tennismagazin.de/content/uploads/2014/07/Hewitt Vorhand.jpg. Abgerufen am

BEI GRIN MACHT SICH IHR
WISSEN BEZAHLT

- Wir veröffentlichen Ihre Hausarbeit,
  Bachelor- und Masterarbeit

- Ihr eigenes eBook und Buch -
  weltweit in allen wichtigen Shops

- Verdienen Sie an jedem Verkauf

Jetzt bei www.GRIN.com hochladen
und kostenlos publizieren